जुस्तजू

महक थावानी

INDIA • SINGAPORE • MALAYSIA

Copyright © Mahak Thawani 2024
All Rights Reserved.

ISBN 979-8-89363-642-0

मेरे जन्म दाता, ये आपके लिए|

To my lovely birth givers, this is for you.

INDEX

Bio

जीवन की छात्रा होने के अलावा, महक यूमैनिटीज़ की छात्रा है| वो सभी ट्रैडस का जैक होने मे मानती है, पर मास्टर किसी मे नहीं जो कई बार किसी एक ट्रैड मे मास्टर होने से बेहतर है|

यह पुस्तक उनके जीवन के कुछ प्रश्नों की तलाश का परिणाम है| लिखने के अलावा उन्हे डांस पैंट और प्रकृति मे समय बिताना पसंद है| महक अपनी पहली किताब "जुस्तजू" के साथ अब एक लेखिका है|

1

समुद्र है खारा, नदी की शीतल धारा की तरह बहिए,
चार पन्नें बेअसर, दो असरदार शब्द ही कहिए|

-दम से बात हो तो क्या, बात मे
दम हो तो बात है

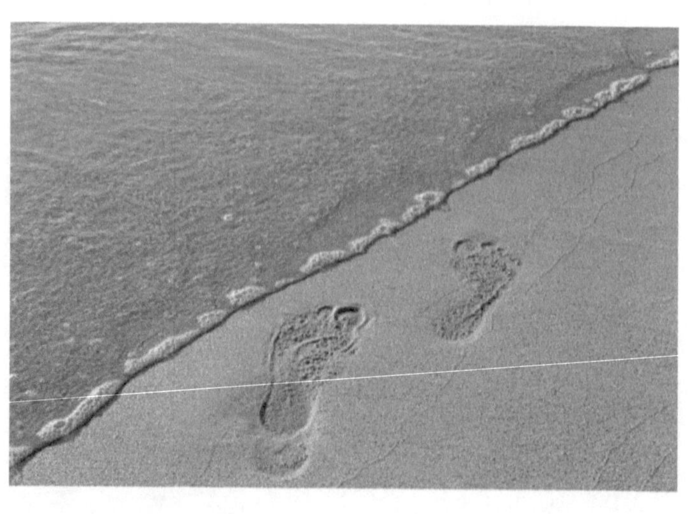

2

चौरासी लाख योनियों मे से ये इंसान का जीवन मेरे गले पड़ा है,

सारे मसले सारी दिककते इसी की है, क्युकी मेरा दर्द उन सबसे बड़ा है

अब जितना भी मैं चाहू ये पोशाख उतार नहीं पाता,

ऐसे चक्रव्यूह मे फसा हु,

ग़म गुसार खुद तो चाहता हु,

लेकिन खुद किसिका साहिब ए दर्द बनना नहीं चाहता

ये रियाकारी का जो चोला तूने और मैंने पहन रखा है,

इश्क़, नफ़्स ये मिट्टी का ढेर इतना पाक चाहता है,

लेकिन खुद देना एक कतरा भी नहीं चाहता

इसका तवक्कुल बस इसकी मतलब रेखा तक है,

दे दे दरिया तो ठीक, छीन जाए अगर ज़र्रा भी तो ला-मजहबी पर उतार आता है

बिखरना इसका वजूद है,

मिट्टी का ढेर बनना, बनकर बिखरना इसका वजूद है,

खुद तो जीना आतम काल तक चाहता है,

मुर्दे का एक धागा भी घर मे रखना नहीं चाहता|

-अकलमंद प्राणी

3

सब निकले घर से रोशनी की तलाश मे,

वही भीड़ इकट्ठा हो गई,

अपना अपना मकसद भूल,

सबने अपने अँधेरों से दोस्ती कर ली,

पीछे छोड़ आए घर,

सबने मकानों से दोस्ती कर ली|

-पीछे छूटा कही तो होगा

4

मैं एक साधारण मनुष्य हु,

ऊंची उड़ानों या गहराइयों की जद्दोजहद करना
नहीं चाहता,

खाली दो पल बैठना चाहता हु,

नहीं चाहता मैं चाँद पे अपने कदम जमानां,

एक कप चाय से काम चला लेता हु

मैं वक़्त की गहराई को समझता हु,

लेकिन हर वक़्त गहराइयाँ नापना नहीं चाहता

कमरे की चार दीवारी मे कैद रहु,

आज़ाद, स्वतंत्र बना रहु, अति स्वतंत्र न होना चाहू भी

भीड़ भरा रास्ता अगर मैं न लू तो क्या करू,

मैं उन अकेले चलने वाले जादूगरों का रास्ता काटना
नहीं चाहता

सुबह से शांम, शांम से सुबह लगा रहता हु,

फ़िकरों को जैसे चाय मे डुबोकर चख लेता हु

रंगमंच के परदों पे अगर नाटक दिखला ना सकु तो
दर्शकों मे बैठ ताली बजा लूँगा

किसिको आम लगु, लगु चाहे किसिको खास,

यही भाग, यही दौड़ यही है मेरे जीवन का रास

मेरी कहानी के पन्नें किसी कार्यशाला की पुरानी फाइल
मे ही दबकर रह जाएंगे

मेरा यही मोल, मेरा यही काम,

फिर वो पन्नें दर्जन के भाव बिकवा दिए जाएंगे।

-एक ज़िंदगी ऐसी भी

5

फ़िर से रात हो चली, फिर सुबह हो जाएगी,

नौ से पाँच, पाँच से नौ,

यू ही ये ज़िंदगी बीत जाएगी।

-5 से 9 आप क्या करते है?

6

किसिकी इसमे क्या खता है,

बनारसी सिल्क साड़ी है तो नज़र तो फिसलेगी ही न,

देख लिया अगर दो पल,

तो किसिकी इसमे क्या खता है

बेचैन कर दे वो नजर अगर, रातों को सोने न दे,

चाहत के मोती अब फिर किसीमे पिरोने न दे,

इसमे किसिकी क्या खता है

जैसे साथ साथ,

मेरे कदमों के नीचे चल रही है, हर कही हर पहर

जहा तलक आ सके, घर छोड़ती है मुझे वो नजर,

अब नजर किसी से मिला ना सकु, ऐसे तोड़ती है मुझे
वो नजर

बाज़ार मे नज़रे हजारों है, नज़र नज़र का फरक है,

आंखे है तो देख लिया, वो देते ऐसे तर्क है
नज़र किसिने ऐसी लगाई,
की अब कही और किसी से भी नज़र मिलती नहीं,
जो गुमान था पहले इक मुस्कुराहट का,
अब वो होंठों पर खिलती नहीं|

-नज़र

7

मैंने हर रोज़ एक नया रास्ता ढूंढा,

तुम तक पहुच पाने का,

पर किसी की भी मंजिल तुम न थे|

-काश

8

मैं क्या हु?

मेरा वजूद क्या है?

पुकारा करते है लोग मुझे उस नाम से जो कभी मेरे
बचपन मे मेरे माथे पर लगा दिया गया था,

बस अब वही मेरी पहचान,

बस वही?

जब एक कागज़ पर लिखे कुछ अंक तुम्हारा वजूद,
तुम्हारी पहचान बन जाएंगे,

तब तुम्हें वो किस्से याद आएंगे,

उन गलतियों के जो तुम्हारे माथे पर किसी लेबल की
तरह लगा दी गई थी,

तब तुम जानोगे की तुम कौन हो, क्या वजूद है तुम्हारा

एक रोज़ जो यू हाथ खड़ा कर अपना परिचय देते हो,

घमंडों गुरूरों से बताते हो की तुम क्या हो,

आखिर तुम हो क्या?

दीवार पर लटकी चौखटे, उपाधिया सीन ताने खड़ी है,

न जाने ऐसी कितनी बस उनकी मेजों के नीचे पड़ी है,

ये तुम हो तो वो क्या है,

अगर ये भी वो है तो तुम क्या हो?

कितना आसान होता है ये कह देना की ये मैं हु,

खैर तुमने आसान राहे ही तो चुनी है, मंजिल की जल्दी
मे लगते हो,

मंजिल मिल गई है किसे ऐसे ठगते हो

बस अब वही पहचान है मेरी,

की मेरा धर्म क्या है, कर्म कोई पूछता नहीं,

एक सरनामा लगा है नाम के बाद बस उसी से लोग
जाना करते है

बेटा हु किसिका, किसिका गुरूर हू,

एक नाम है मेरा उसी नाम से मशहूर हू

सबके करीब हु, खुदसे थोड़ा दूर हु,

कौन हु मैं, क्या जात है मेरी इसी बात से मगरूर हु

बचपन से एक दौड़ मे दर्ज कराया गया था,

वही दौड़ अब तक जारी है,

दुनिया मे आया भी नहीं जो एक नादां दिल,

उसे भी दर्ज करा चुके,

अगली उसी की बारी है

पहचान हमारी बस यू रोज़ मर्रा मे मारे खाने की नहीं
हो सकती,

ग़ालिब इस दिल का काम अगर धड़कना है तो यू इश्क
के लिए बदनाम न होता

जात हमारी बस बीजों की होती तो बीजों की उपज से
गुलिस्तां खिला न होता

नुमाइशे जहां मे, चार दीवारी मे न जाने कितने बेड़े
गरक है

वजूद के वजूद का जवाब है कहां,

सवाल ही जैसे दिमागी भूल भुलैया मे खो गया हो

कफन मे एक पैर, दूसरा शजर है,

वजूद ए जाहिरी का यही मजर है|

-मैं क्या हु?

9

चल पड़ा मैं क्यू यू अकेले ही,

यू बिछड़ा तारा ना होता,

किसीके साथ चला होता तो,

यू जमाने से हारा ना होता।

-ध्रुव तारा

10

दरिचे परिप्रेक्ष्य, यथार्थ को आकार दिया करते है,

झरोखों के वो नज़ारे, वो उन दिनों की बाते,

खत, पर्चे, आँखों से मुलाकाते

घर का मानो शृंगार होते है दरिचे

वो सौंधी, सौंधी गीली मिट्टी की महक,

सनसनाती हवा, चिड़ियों की चहक

ये दूर दरास्त की कहानिया जैसे लगने लगी है,

मानो कल ही की बात थी, जो सदियों पहले बीत गई

अब इन नई, चोटी खिड़कियों का दौर सा आ गया हो,

झरोखे, बारी, वातायन जैसे शब्दों का कोई मेल ही ना
बैठ रहा हो

इन चोटी खिड़कियों को जैसे जेबों मे ले जा सकते है,

जहा चाहे वहा घुमा सकते है

इन खिड़कियों मे ऐसे नज़ारे होते है,

जैसे,

फ़लसफ़ा की बाते छोड़ फ़साने होते है

सारे दृष्टिकोण छीन कर, एक फ़साने, एक कहानी को
सच्चाई बता दी है

धागे का एक सिरा इसमे लगा है, एक हमारे सिरों मे है,

कटपुतलिया नाच रही जैसे घरों घरों मे है

आँखों की सारी चमक इसने ले ली अब खुद चमकता है,

एक पल भी दूर हो जाए तो मन मचलता है

वाकिफ़ नहीं है कोई, सारे है अंजान,

जैसे,

यही रिश्तेदार और यही है मेहमान

एक रोज़ यू रास्ते से चलता हु तो देखता हु की,

सब एक सा ही जीवन जी रहे है,

आज़ादियों के दौर मे, कैदियों के घुट पी रहे है

जैसे सब ने दिमाग को डिब्बियों मे बंद करके चाबी कही
दूर फेंक दी है

आटे जैसे सारे गीले है, तीनको का ही सहारा है,

महंगी घड़ियों का शौक रखते है,

ढाई पल का वक़्त चुराना न गवारा है

क्या देखते है न जाने लोग,

कौन सी गुफ्तगुए करते है,

खुदकों दिखाते व्यस्त है,

भीतरी दिवारे सारी त्रस्त है

-झरोखे

11

हुरमत का चाँद देखते देखते,
देखे नहीं मैंने शफ़क़त, उन्स, उलफ़त, कराबत के
सितारे।

-हुरमत का चाँद

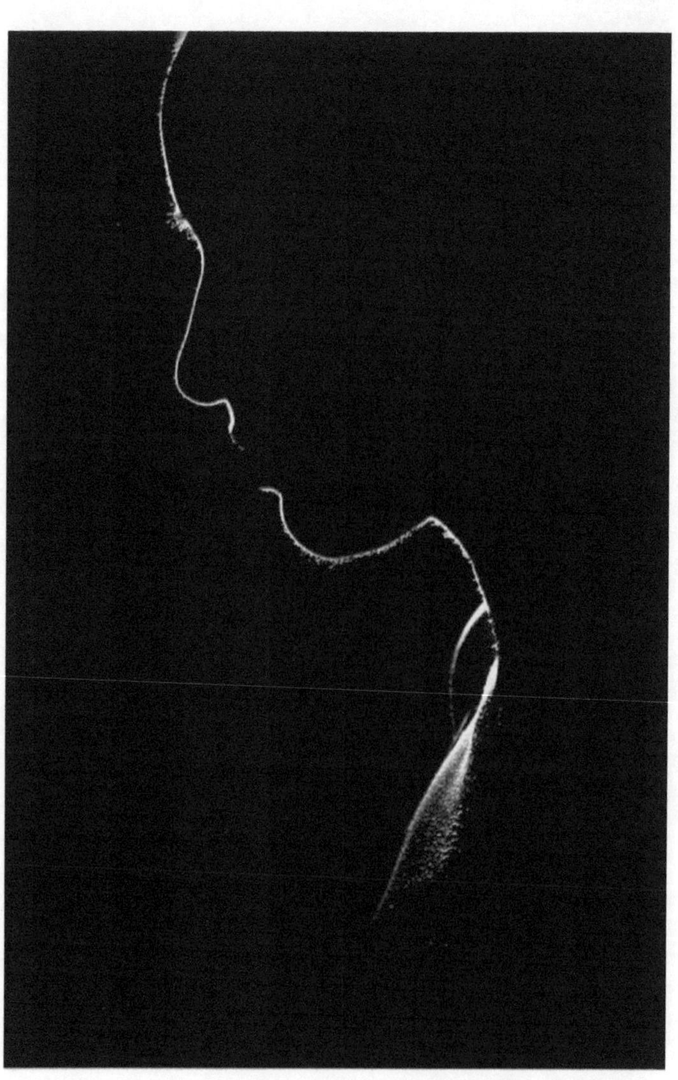

12

पता चल जाता अगर की बात क्या है, तो फिर बात क्या थी,

अधूरी ही सही, पूरी होती वो मुलाकात क्या थी,

किसीके बिन गुज़ारी रात, फिर सुबह की औकात क्या थी

बिन मांगे ही मिल जाए, मांगने पे मिले इश्क़ वो खैरात क्या थी

और दाव पेच खेले ऐसे हार के जीत गया, जीत के हारा वो मात क्या थी।

-फिर बात क्या थी

13

ये दरिया तेरे बस का नहीं,

तू दे दे अगर एक बूंद तो काफ़ी है,

सुख भी गया तेरा ये दरिया अगर तो कोई बात नहीं,

सुखी जो ये बूंद, तो मेरी माफ़ी है।

-काफी है

14

किन ठोकरों की उपंज होगी ये सरफीरी, ये महकशी,

दीवाने अपनी राहे खुद बनाया करते है,

खुशियां ढेरों ग़म सजाकर बर्बादीयों का जश्न
मनाया करते है

बिना पिए ही एक घूंट जाम का,

या सिर चढ़ा बोझ काम का,

ये ज़िंदगी के, बेखुदी के, आवारगी के नशे किया करते है

इस जहां ने हर समा ने की है गैरियते इनके साथ,

फिर भी ये झोलियों मे खैरियते लिए चलते है

ये जो चल रहे है सब एक ही ओर, मैं भी उसी ओर
क्यू चलू,

पीछे एक रास्ता छोड़ आए है सब तो आखिर
बात क्या है

सारा शहर सुन सान पड़ा है,

ख्वाबों मे सब गूम है,

फिर ये कौन है जो ख्वाबों मे ख्वाब बना रहा है

थोड़ा नाकारा, थोड़ा बेचारा सा दुनिया को ये लगता है
जानता है पहचानता है वो भी बखूबी की इन ख्वाबों के
दरमियान एक पलक जो झपकी,

तो सारे ख्वाब हो सकते ढेर है,

पर वो आवारा है, सरफिरा है

रुकना उसकी फितरत नहीं,

ठहर भी गया अगर दो पल,

पीछे पलटना उसकी फितरत नहीं

तलाश कर रहा है क्या, ये तो वो भी नहीं जानता,

रुक जाए, दम तोड़ दे, ये शर्त कभी नहीं मानता

दम तोड़ने से भी ये सिलसिला खत्म न होगा,

वो दिलकशी हर राह छोड़ जाएगा

आगे आने वाले कैसे मोड़ है, ये जानता नहीं है वो,

और अगर जान भी गया, तो रुकने वाला कहा है

हर मोड़ पर खड़े होंगे,

जिन्होंने नाकारा कहा था, बेचारा कहा था,

अब ठोंकने को सलाम तैयार बैठे होंगे

ये सरफिरा, ये आवारा

जिसकी तलाश कर रहा है इसे हासिल होगा या नहीं,

इसकी कहानी शोर मचाएगी, या गुमनाम रह जाएगी

ये पेड़ ऊंचा है,

कट जाने के डर से झुकेगा नहीं,

निष्कर्ष चाहे जो भी हो ये रुकेगा नहीं|

-सरफीरी

15

मेरे मुखालिफ़ कुछ ऐसी चाल चल रहे है,
हाथ मे बादशाह कर, मेरे वज़ीर से डर रहे है|

-मेरे मुखालिफ़

16

कहता तो हु मैं की मुझे जवाब चाहिए,

लेकिन मैं सवाल करना पसंद करता हु जवाब
सुनना नहीं,

दिखाता हू की बेताब हु जवाबों के लिए,

लेकिन जब जवाब आते है तो मुरझा सा जाता हू

कोई जवाब दे दे तो अच्छा नहीं लगता मुझे,

वो जवाब मेरे अंदर की अग्नि को शांत कर देते है,

और अग्नि मेरे जीवन का प्रतिरूप है

मैं सवालों पर ही अड़ा रहना चाहता हु,

नहीं चाहता की सवालों के आगे हम बढ़े

ये किसी ईर्ष्या या हीन भावना से नहीं आ रहा है

मेरे अंदर कुछ खत्म हो जाता है जब जवाब मिल जाते है,

जैसे खिलाड़ी का खेल खत्म हुआ

कुछ सवाल जवाबों के लिए बने ही नहीं है,
उन सवालों का मकसद सवाल बनना और बनके रह
जाना ही था
सवाल कही न कही हम सबका वजूद है,
जवाब आते ही वो वजूद खत्म हो जाता है,
तो वजूद अच्छा है, सवाल अच्छा है|

-सवाल अच्छा है

17

कितनी रूहे रातों को रोई होगी,
कितने दिलों ने कलाकारी खोई होगी

सहम गई होगी कितनी मासुमियते,
कितनी आँखों ने सपनों से की होगी रियायते

कितनी जड़े हिल गई होगी,
कितनी मोमबत्तियाँ पिघल गई होगी

किसीके अशिष्ट अति आत्मविश्वास से|

-आत्मविश्वास [अति]

18

ज़िंदगी तो आगे बढ़ ही जाएगी,
पर खौफ तो इसी बात का है|

-कल जो मैं था वो फिर ना रहूँगा,
पर डर इसी बात का है

19

ये नरमी पत्थर की जो है,

ये गर्मी पत्थर की जो थी,

सब झरने से टपकते पानी की करामात है|

-मिजाज़

20

जिसकी तलाश है वो क्या है, कहा है,

मैं सारा शहर ढूंढ आया हू,

बेचैन है मन, पिघल रहा हो तन

ये परेशानी क्या है

हरकत ढूंढ रहा हू या जवाब ढूंढ रहा हू,

जिनको मिली हो वो आवाम ढूंढ रहा हू

जहां की हर चीज़ को उस एहसास से जोड़कर देखा पर
संतुष्ट कुछ न कर सका,

अब ये संतुष्टि भी क्या चीज़ है,

अगर जो महसूस कर रहे हो ये संतुष्ट होना ही है ये
कैसे जानते हो,

इसकी परिभाषा क्या है,

कहा पर मिलती है ये,

किसी जगह किसी स्थान पर,

या किसी मंच महान पर,

भाव है एहसास है,

सोच है विश्वास है,

क्या है

या है पेट मे उड़ रही तितलियाँ,

है ये पेट मे उड़ रही तितलियाँ भी क्या,

बेचैनी है सुकून है, कुछ हाथ लगने का जुनून है

हाथ लग चुका हो अगर पहले ही जो ढूंढ रहा हू,

तो मेरे ज्ञान मे कैसे आए की मिल चुका,

मिल चुका है तो कहा गया है,

अभी भी है या खो गया है

ढूंढ क्या रहा हू,

दर्द ढूंढ रहा हू, दवा ढूंढ रहा हू,

जली ना हो अब तक वो क्षमा ढूंढ रहा हू

मिल गई होती अगर तो शायद यहा न होता,

मिल चुकी है अगर पहले ही तो क्या यही चारमंत है

बहराल मिले, फिलहाल रुके

ये फिलहाल मुझे बेचैन कर रहा है,

इस बेचैनी मे ही कही चैन मिल रहा है

मिल भी जाए,

बुझ भी जाए ये जुस्तजू अगर,

तो क्या ये संतुष्टि मुझे संतुष्ट करेगी|

-बे[चैन]

21

जमाल ए रोशनी मे इतना गहरा देखा की कुछ दिखा ही ना,

मर्क मे नज़र पड़ी तो सब साफ़ हो गया|

-कोहरा छटने लगा है

22

इश्क़, मोहब्बत का नाम जपते है,

लेकिन समाज मोहब्बत को पसंद कहा करता है

समाज कहता है तू पा हर चीज़ हर ज़र्रा पा, पा सके तो
इंसान को भी पा

लेकिन मोहब्बत,

कुर्बानियाँ मांगती है, मोहब्बत हदे पार करना जानती है,

मोहब्बत जैसे खून की जगह नसों मे बहती है,

कोई इसे रोके न रोक सके ये कहा हदों मे रहती है

और समाज को बेहूदगी पसंद आ जाए बेहदगी नहीं

समाज लकिरे खिंचता है,

मोहब्बत पार करना तो क्या, लकिरे मिटाना जानती है,

नई लकिरे बनाना जानती है

मोहब्बत का ताल्लुक आप किसी प्रेमी-प्रेमिका, हीर-राँझा
से जोड़ रहे है,

तो आप अपनी सही हदों मे है, उन्ही हदों मे, लकीरों के पीछे

बात गलत कहा है,

किसिको पा ही ना सको तो कैसा इश्क,

इस जनम का सौदा कर ही ना सको तो कैसा इश्क,

किसिको कुछ दिया, बदले मे वापिस ला ही ना सको तो
कैसा इश्क कैसी मोहब्बत

इश्क़ के नाम पर समाज ने बेचे सिर्फ आसरे है,

ज़िंदगी हाथ लग ही गई है तो अकेले ना काटी जाए

तुम मेरे हो जाओ मैं तुम्हारा,

बस ज़िंदगी का हो गया गुज़ारा

एक हाथ दिया एक हाथ लिया इसमे बुरा क्या है,

सब कुछ तो पूरा है अधूरा क्या है

ये विनिमय का व्यापार है,

यही बिक रहा हर मोहब्बत के बाज़ार है

अगर आप समझते है की आप किसीसे मोहब्बत
करते है तो,

मुबारखिए,

आप एक अच्छे व्यापारी है|

-व्यापार

23

एक पहेली के दो हिस्सों मे ये आपस मे कैसी जंग है,

दोनों मेल जोल करके बैठेंगे तभी तो पहेली पूरी होगी,

वरना पहेली का अर्थ क्या पहेली तो अधूरी होगी

दूजा क्यू गिराना चाहे पहले को

पहला भी तात पर बैठा देने नहले पे दहले को

जब जरूरत एक दूसरे की है तो मान क्यू नहीं लेते,

दूजा ना हुआ तो हम अधूरे है ये बात जान क्यू नहीं लेते

दूजे को गिराते गिराते कब खुद गिर गए खबर ही ना हुई,

इसलिए ये पहेली अधूरी रह गई सफल ना हुई|

-औरत और मर्द

24

मोहब्बत मे क्यू लोग गुम रहते है,

ये मोहब्बत क्या है,

वफ़ाए ना मिले सदाए ना मिले,

हस्तियाँ टूट कर बिखर गई,

ये जुस्तजू क्या है?

-चाहत क्या है

25

कृष्ण होना क्या है?

कृष्ण होना त्याग है,

त्याग है कृष्ण होना,

कृष्ण होना वैराग्य है

कृष्ण होना अंत है आरंभ भी है कृष्ण ही,

मध्य बैठी प्रीत भी कृष्ण की ही रीत है

कृष्ण है शून्य, कृष्ण ही इकाई है,

कृष्ण है अनंत भी,

रावण कसं और न जाने कितने अधर्मियों ने मात खाई है,

खाई है जो कृष्ण ने प्रेम से परोसी थाली जो मैया
ने सजाई है,

सजाई है कृष्ण ने हर कुटिया, हर कश्ती पार लगाई है

कृष्ण है मित्र भी तो तू मित्रता का ज्ञान कर,

हर पहर जप कृष्ण ही, तू कृष्ण का ध्यान कर

ध्यान कर तू याद कर, कृष्ण ने कैसी मित्रता निभाई है

पहली मुट्ठी मे स्वर्ग सुदामा के नाम कर,

भरे दरबार द्रौपदी की लाज बचाई है

हो अपना चाहे या हो पराया, सारे ही कृष्ण के अपने है,

अपने ही पुत्र को कर्मों का दंड दे, कान्हा ने राधे संग
निश्छल प्रीत लगाई है

लगाई है जो ये प्रीत कृष्ण ने, तो संसार को ये सिख
सिखलाई है,

प्रेम का आधार क्या है,

प्रेम विरह है,

ये प्रेम ही सुखदाई है

सुखदाई है वो सारे रास्ते जो कृष्ण नाम से जुड़े है,

दूर जाए भी तो मंज़िले,

वो रास्ते ही कृष्ण नाम भाग्य मे लिखे है

कर्म मेरा आज कर्म मेरा कल है,

कर्म मन हृदय बसे,

तो कर्म कहा निष्फल है

कृष्ण मेरी हस्ती है कृष्ण मेरी जात है,

कृष्ण भाव भक्ति है, कृष्ण ही पुरुषार्थ

कृष्ण धीर धर्म है, कृष्ण ही अधीर शक्ति है

ज्ञात है जिसको भी ये बात साथ कृष्ण चल रहे,

लहरे हदों मे है, समुद्र हैरान है,

हर तूफान पार कर रहे

कृष्ण होना क्या है?

घुमा सके जो समय चक्र, चक्र मे वो बंधा रहा,

मुस्कान भरली अधरों पर,

सही उसने हर आपदा, टाली ना कोई विपदा,

वो अडिग ही डटा रहा

कृष्ण होना क्या है?

अपने अराध्य की भक्ति मे लीन, अपने भक्तों को सदेव खुश देखना,

यही कृष्ण की जीत है

मनमोहक कहते जिसे, सबके मन मोहना,

यही कृष्ण की प्रीत है,

यही कृष्ण की प्रीत है।

-कृष्ण होना क्या है?

26

आँखों मे थोड़ी चमक क्या आई,
लोगों ने पानी समझ,
खुशियां मनाली।

-ये लोग खुश क्यू दिखाई देते है

27

घड़ी अगर गिरकर टूट जाए,

तो वक़्त टुकड़ों मे बट तो नहीं जाता ना

बट जाए जो वक़्त अगर टुकड़ों मे,

तो टुकड़े वाला वक़्त मेरे आलिंगन तो नहीं आता ना

जो ये वक़्त मेरे आलिंगन आ भी जाए, तो दे दु मैं एक टुकड़ा फिर सभी को

अपने हिस्से का वक़्त छोड़ लोग,

और घड़ियाँ तोड़ने लगेंगे|

-घड़ी

28

ना जाने कितने कवियों ने सदियाँ गुजार दी,

उस एक रंगमंच कविता, अनछुई नज़्म,

एक बेबाक कहानी की तलाश मे,

जो उन्हे संतुष्ट करेगी,

छूएगी उनके हर कण, रोम रोम को,

जो तीरथकाल तक उनके साथ चलेगी

हर रूह छुई, अपनी रूह छूना कैसे भूल गया एक कवि

हर महफ़िल मे जुगनू भर, अपनी ही कोठी की बत्ती
जलाना भूल गया एक कवि

हर कलम मे स्याही भरी जिसने,

अपनी बारी आने पर क्यू उसे लहू से रंगने पड़े कागज़

तलवार उठाने का ज़ोर नहीं,

उसने अपनी कलमों से ही दिए कोने नवाज़

अपनी ज़हनी सेहत त्याग,

क्यू हर जहन मे गुल देने चला एक कवि

क्यू हर लौ रोगन मे डूबा,

चिराग तले उजाला कर ना सका एक कवि

अंतिम समय निकट आने तक,

एक ऐसी कविता की खोज करता रहा एक कवि

वो जो कहते थे क्या लाया, क्या लेकर जाएगा तू अपने संग,

यहा एक कतरा निशानी छोड़,

अपनी ही कहानी अपने साथ ले गया एक कवि|

-एक कवि

29

एक मुद्दत से बेताब था,
एक लम्हे के लिए,
वो लम्हा लाया भी तो अपने साथ बेचैनी।

-अब अगले लम्हे का इंतज़ार है

30

मैं ऐसा क्या करू,

जो अपना ही नाम मैं फिर भूल पाउ,

अपनी ही अभिलाषाओ से मुक्त होकर,

अपने ख्वाबों की बेड़िया तोड़कर,

एक ऐसी राह चलता जाऊ,

की मुझको फिर से मैं मिल जाऊ|

-ऐसा क्या करू मैं

31

लिखने को तो पूरी किताब लिखदु,

ये एक अल्फ़ाज़ है जो मुझसे कहा नहीं जा रहा

मैं पहाड़, नदी, समंदर तैर कर आया हु,

ये एक कदम का रास्ता मुझसे तय किया नहीं जा रहा

मैं सारा का सारा उसके रूबरू बैठा हु,

उससे मेरी आँखों का काजल संभाला नहीं जा रहा|

-मैंने तो काजल लगाया भी न था

32

अपनी मुस्कुराहटों से गुलिस्ता वो रोशन रोज़ किया
करती है

वो मेरी अमृता मुझे अक्सर अपना इमरोज़ किया करती है

वाकिफ़ तो मैं भी हु हाल ए दिल से,

वो कहती नहीं अपनी आँखों से अपना इश्क़ ज़ाहिर
किया करती है

कहती तो है मिलेगी फिर जरूर लेकिन,

आहिस्ते से, मेरे कानों मे,

नामे ए साहिर किया करती है|

-इमरोज़, अमृता और साहिर

33

होगा कोई तो जवाब,

जो मेरे हृदय के सवालों के तूफान को शांत करेगा

क्यू मेरा मन अशांत दरिया सा है,

होगी कोई कश्ती तो जो तीव्र लहरों को पार कर सके

क्यू मेरा हर धागा कच्चा सा है,

होगा कोई व्यक्ति तो जो कच्चे धागों का व्यापार
करता होगा|

-ये इश्क़ है या दिल तोड़ने का जरिया

ये मेरा मन है या अशांत दरिया

34

के इन हाथों के पंजों से कालिक पोतने चले थे,

के इन पाँच उंगलियों के काले निशान उस पुतले पर
मलने चले थे,

ज़मीर ना जागा क्या इन हथेलियों का उस धनुष से
बाण को सहलाते हुए,

क्या तुम राम हो जो रावण जलाने चले,

अरे क्या तुम राम हो जो रावण जलाने चले थे

हो पिता की आज्ञा चौदह साल वनवास जा पाओगे
क्या तुम,

शबरी के झूठे बेर खा पाओगे क्या तुम

चीखते हो उस माँ पर चिल्लाते हो

हो माथा गरम क्या कभी प्यार से सहलाते हो

पुतले वाला रावण तो जला आए ढेरों जश्न भी
मना आए

क्या अपने भीतर के रावण को जला पाओगे तुम

पुकारे कोई संकट मे तो सारे काम कांज छोड़कर क्या
तेज दौड़ लगाओगे तुम

क्या है तुम मे रावण जैसी भक्ति,

अपने अराध्य को पाने अपना ही सर धड़ से अलग कर
जाओगे तुम

पुतले वाला रावण तो जला आए,

अपने भीतर का रावण कब जलाओगे तुम?

-कब

35

मैं राहगीर,

मुझे तेरी मंजिल मे दिलचस्पी नहीं,

आ तुझे मेरे सफ़र का स्वाद चखाऊ|

-राहगीर

36

कभी तो, कही तो देखा होगा,

किसिने मुझे गौर से इतने,

की वो मेरी ही बाते मुझे ही बता गया

मेरे भीतर के अँधेरों को परख कर,

मेरे ही जहन मे जुगनू डाल गया

उसकी आंखे देख रही थी मेरी आँखों के आर पार भी,

ऐसे कौन से ऐनक पहन रखे थे उसने,

की वो झांक सका मेरे ताजमहल के शीशों के बाहर भी

पहली थी या थी ये मुलाक़ात आखरि, ये तो रब ही जाने

अब हो इन मुलाकातों का सिलसिला खत्म यही,

खैर अब मुलाकाते तो रोज़ होगी,

क्यूकी वो खुद आईना बन,

मुझे,

मुझसे ही मिला गया।

-अजनबी

37

कितने अरमान मेरे यूँही ढर गए,
आज चाँद ना निकला, हवा ना चली
ये नज़रे पीछा करती रही उसका भीड़ मे,
पर उस से ना मिली।

-शाखों से शाखे टकराती रही,
पर आँखों से आंखे न मिली

38

किताब खाने मे उस एक किताब को खोंज रहा हू,

जिसकी कहानी मेरी ही तरह होगी,

दर्द मिलता देख किसीका अपने दर्द से,

मैं वो सुकून तलाश रहा हू

मैं खोंज रहा हू वो किताब,

जिसका पहले मुझसे कोई तो नाता रहा होगा,

एक रेशमी डोर सी है जैसे हमारे बीच,

एक मल मल का धागा हमे जोड़े रखता है,

मैं वो धागा पकड़ कर चल रहा हु

मैं खोंज रहा हु वो किताब,

जिसका वर्णन मेरी रूह तक मे बस हुआ है,

मेरी चेतना मे उसका एहसास है,

वो जैसे आतम काल से मेरे पास है,

मैं वो पुराना साथी, वो हमसफर खोंज रहा हु

खोंज रहा हू मैं वो किताब,

जिसको केवल पढ़ना ही नहीं,

बारम्बार केवल उसके पन्नें पलटना ही नहीं,

बल्कि उस से गुफ्तगू करना,

बात कहना बात सुनना,

मैं वो जज़्बात ढूंढ रहा हु

मैं ढूंढ रहा हु वो किताब,

जो पड़ी है न जाने अलमारी के निचले खाने मे धूल मे
संधि हुई कही,

या सात समुद्र पार खड़ी है

कौंसि बुक के कौन से शेल्फ मे, न जाने कहा पड़ी है

मैं तलाश कर रहा हु उस एक किताब की,

जो मेरी हमसफर है,

ग़म गुसार है मेरा,

मेरा चारागर है

मिलेगी न वो जब तक,

तब तक तलाश जारी रखूँगा,

न मिली अगर इस जनम,

तो अगले जनम की बारी रखूँगा।

-वो किताब

39

बातों की थी, या आँखों की थी,

तेरी ज़ुल्फ़ बिखरी शाखों की थी,

ये छाप जो रूह पे छोड़ी है,

अब जो कोई भी मुझसे मिलना चाहे तेरे बाद,

उसे पहले तुझसे मिलना पड़ता है|

-असर आज भी है

XPRE
RESS
RESS
A BIG FAT HIT
ROTTEN
ON APRIL 15

40

ये तस्वीर मेरी है, मैं ये कैसे मानलु,

मैंने देखा भी तो नहीं है शीशे के अलावा असल मे
खुदकों कभी

कैसे मानलु मैं की ये शीशा मेरी परछाई ही दिखा रहा है,

परछाई ही दिखा रहा है या मुझे चिढ़ा रहा है

इसको मैंने इतना प्यार दिया, मुस्कुराई देख के हर दफा

निभा न सका प्यार, निभाई ना इसने वफ़ा

कल इस शीशे को मैंने इतना साफ किया,

इतना साफ किया,

अब इसमे मेरी असुरक्षयाए साफ दिखने लगी है

मैं क्या करू इस आईने का,

वो सफेद झूठ का बादल अब मिटने लगा है

फट चुका बादल,

काले सच की वर्षा होने लगी है

क्यू मुझे ये इतना सच बता रहा है,

दिखावा या ढोंग नहीं,

मैंने वाकई अपने आप को अपनाया है,

बेहद प्यार करती हु खुदसे,

ये बात झूठ क्यू जता रहा है

ये याद करवा रहा है मुझे हर वो कोशिश,

जो किसी और की तरह बनने की मैंने की थी,

हर उस निशान के पीछे, मुखौटे लगाए जब मैं छुपी थी

इल्म देती सारी दुनिया, ये बात क्या सुनेगी

हर कदम हर मोड़ पे, तुझको ये परखेगी

तोड़ दु मैं ये शीशा जो इतना गुमान जता रहा है,

टूटने के बाद भी, हर बिखरे टुकड़े मे,

ये फिरसे सच दिखा रहा है|

-ये जिसे शीशे मे देख रहे हो ये तुम ही हो ना

41

राहे अलग अलग ही चुननी है,

तो क्यू रास्ते दो राहे हो जाए

एक रास्ते ना चल सके अगर,

तो चल समांतर रेखाए हो जाए|

-हम ना हो सके तो तुम और मैं हो जाए

42

हुक्म था की सिर झुकाओ,

हुक्म था की सिर झुकाओ,

पास रखी एक किताब थी,

पास रखी एक किताब मे मैंने सिर झुका लिया

किताब मे झुका सिर अब उठने लगा था,

उठ गया ये सिर अगर तो क्या होगा

होना था जो हो चुका,

अब उठ गया ये सिर अगर तो क्या होगा

ये कौन है जो हुक्म देता रहता है,

ये कौन है जो मुझको सिर झुकाने को कहता है,

इसका सिर क्या सिर नहीं, यू सिर उठाए चलता है

ये गुलामियो की रक्स मे ये कैसी जंग है,

लहू लुहान मैं हुआ ये कुर्सी इसकी ये कैसी जंग है

खामोशीयों के दौर मे खामोशी से शोर कर गया,

मैं कहता अगर कुछ तो अच्छा ना होता,

बिन कहे ही सब कुछ कर गया

किताब मे झुका है सिर, किताब मे उठेगा भी,

किताब का विमान अब आसमान उड़ेगा भी

रोक सके जो रोकले, हुक्म सारे बोल दे,

चेतावनी समझे या समझे मनमानी,

ये बेड़िया अभी खोल दे

न खोली जो ये बेड़िया तो, मैं अभी ऐसा कुछ
कर जाऊंगा,

हाथ धरे ना हाथ पर, बिन चाबी का ही ताला
बन जाऊंगा

आसमान मे चाहे जीतने पहरे लगा दो, मैं नीर
चीर जाऊंगा

हर नदी मे स्नान कर, मैं तेरे पाप धुलवाऊँगा

कर न तू ये गंगा मैली, अपने इन कर्मों से

कितनी आहे ले चुका,

कितने ख्वाब तोड़ दिए, अपने इन अधर्मों से

ये मखमली कुर्सी का जोर है या तुझमे कोई बात है,

ये कुर्सी है हमारी देन, तुझमे क्या बात है
वादा है,

मैं अपनी ये बात इक दिन दूर तक पहुचाऊँगा,

फिर उन स्वतंत्र आज़ादियों के गुल मैं खिलाऊँगा|

-हुक्म

43

ये क्या नज़र, ये क्या हशर,

ये क्या नज़र का सफर है,

इस नज़र के दो निशाने,

इक तरफ तारे है, इक बगल जहर है|

-ये क्या नज़र

44

तीरथ तीरथ कर आया मैं, तीरथ सुबहो शाम

प्रेम ही मन मंदिर है प्रेम ही चारों धाम

प्रेम हो तो खास लगे प्रेम न हो तो आम

प्रेम के सौ रंग है, प्रेम हजारों नाम

प्रेम पक्का प्रेम कच्चा प्रेम सूत्रधार

प्रेम पेट प्रेम पूजा प्रेम ही आहार

प्रेम सौ वर्ष है एक पल की जीत

प्रेम दूर के ढोल सुहाने प्रेम ही मधुर गीत

-प्रेम

45

नाराज़ था कल सिरहाना भी,

कल सिरहाने ने भी शिकायत फरमाई,

कितने ख्वाब देखेगा,

बस कर,

अब मुझसे और बोझ उठाया नहीं जाता।

-बोझ

46

शहर के शोर मे यू खो गया,

कल मैं, मैं था,

आज कोई और हो गया|

-अब मैं कोई और हू

47

ये प्रेम है तो प्रेम क्या है?

इस प्रेम का जवाब क्या है?

मन मे बैठा है कही या हाथों की रगों मे है

खून मे बहता है या दौड़ता नसों मे है

ये प्रेम क्या है?

ये वक़्त है तो वक़्त क्या है?

घड़ी की टिक टिक मे है कही,

या हाथ की कलाई पे बंधा हुआ है,

गुजर गया है, आने वाला है,

या अस्पतालों के मीटरों मे सना हुआ है

ठहरा है यही या चला गया है

ये वक़्त क्या है?

ये कल है तो कल क्या है?

आज का जवाब क्या है,

बीत गया था कल या आएगा कल,

या कल के भी कल मे थमा हुआ है,

आज का कल कहा है, आज तो आज मे जमा हुआ है,

ये कल कहा है?

ये धरती है तो धरती क्या है?

आसमान है या ज़मीन है,

ऊपरी तन है या नीचे की गहराई है,

गोल है भूगोल है,

भीतर है बाहर है,

ये धरती क्या है?

ये दिमाग के है खेल सारे,

ये दिमाग है तो दिमाग क्या है?

सोच क्या है भाव क्या है,

ये दिमाग के पेच दाव क्या है

सोच है दिमाग की तारों मे कही,

या दूर दरास्त से आती है,

आती है तो रह जाती है या फिर चली जाती है

बुद्धिमता है दिमाग मे अगर तो दिमाग का वजन क्या है

विचार आ रहे दिमाग मे इक जगह से कही,

तो आ रहे सबको एक जैसे क्यू नहीं

ये खेल है तो खेल क्या है?

हार क्या है जीत क्या है,

खिलाड़ी है या मोहरे है,

खेली जंग है या विचार दोहरे है

ये खेल क्या है?

ये विज्ञान है तो विज्ञान क्या है?

विज्ञान का ज्ञान क्या है,

गुरुत्वाकर्षण है कही,

गुरुत्वाजकर्षण की बेड़िया क्या है

बांध रही है जमीन से कही,

या उड़ने से रोक रही है

ये सबसे तेज अगर रोशनी की गति है,

तो उस तक अभी जाने वाली मेरी सोच क्या है

ये विज्ञान क्या है?

ये रूह है तो रूह क्या है?

जन्मी है कही से, कहा से आई है

कहा फिर चली जाएगी, किसमे फिर समाएगी

ये रूह है तो रूह क्या है, रूह का आकार क्या है,

बह रही है कही या स्थितः खड़ी है

ये नींद है तो नींद क्या है?

सोना है यहा का जागना कही और है,

यहा से निकलके जाना कही और है

नींद और रूह का कोई मेल है क्या,

नींद मे रूह ही तो नहीं टहल रही,

और जा रही है अगर कही,

तो इस शरीर की मिट्टी क्यू ना बिखर रही

ये नींद क्या है रूह क्या है?

हकीकत क्या है ख्वाब क्या है,

इन जवाबों के सवाल क्या है?

-इन सवालों के जवाब क्या है

48

धुआ धुआ सा कही दिख रहा है,
चिंगारी उठी है कहा, किसने आग लगाई है,
कौन है जो बेलौस वारदाते लिख रहा है|

-कौन है

49

क्यू महसूस हो रहा है की,

अपने ही दिमागी पिंजरे मे कैद हो गया हू,

अकल के आगे परदे गिरे है जो हटाए नहीं हट रहे

दर्द है दवा है उलझन है ये क्या है

माँझे की डोर खुद मे ही उलझ गई हो और पतंग को
रोक रही हो,

हर हाल मे, हर कीमत पे उड़ने से

सोच जा ही नहीं रही जेल की सलाखों के बाहर,

जैसे अकल पे पहरे लगा दिए हो,

हर मोड पे खंबे गहरे लगा दिए हो

ये हाथ ये पाव ये तो काम कर रहे है,

ये लब भी मुस्कुरा रहे है,

फिर कौन सा पत्र है जो ये अकल के घोड़े ठुकरा रहे है

आज़ादिया तो सुना था 1947 मे ही प्राप्त हो गई थी,

कौन सी ऐसी चाल मे चल गया,

जो मेरी स्वतंत्रता फिर जप्त हो गई

ये कोई नया ताला आया है क्या बाज़ार मे,

सारे चिराग लेकर ढूंढ लिए चाबी मिले ना मिल रही

विचारों ने कही सिलाई सिख कर मेरे दिमाग के धागों
को सी तो ना दिया

कहा तक जा रही है सोच, कहा से आ रही है,

कहा ठहर रही है क्या पता

किताब खोल कर पढली, अखबार सारे पी गया,

फिर भी खुला ना एक भी धागा एक और जैसे सी गया

ये भरम है ये आलम है,

ये जादू है या टोना है

चाबी भरु के क्या करू,

ये दिमाग है के खिलौना है

रियायतें नहीं अब तो मैं मुह मांगी कीमत देने को भी
तैयार हू,

क्या लेगा ज़मीन लेगा, जायदाद लेगा

मैं तैयार अब देने को सारे व्यापार हू

बस मिल जाए जो खोज रहा हु,

यही बात ना जाने कितने आर्सो से सोच रहा हू

एक रोज़ देखा जो यू दर्जी को,

एक धागा खिचा तो सारे धागे अपने आप खुल गए

अब ये एक धागा क्या होगा,

समुद्र खारा होगा या कोई शहर,

दिन की तपिश होगी या रात की ठंडी पहर

तीरथ होगा या पीर होगा कोई,

मस्तक होगा या हथेलियों का चीर होगा कोई

देख रहा था आसानी से खोद सकु होगी तो मिट्टी
गीली कही,

सारे पहाड़ खोद आया चाबी फिर भी न मिली कही

किसिने फिर बताया एक मंदिर तो उस मंदिर के लिए
निकल गया,

अंधेरा इतना था की एक पाव भी फिसल गया

कोई न था वहा,

न पंडित न पुजारी,

न ब्राह्मण न आचारी

कुछ दिन रुक गया वही,

फैसला गलत था ना जाने सही

अब बदल रहा था कुछ,

खीच रहा था एक धागा धीरे धीरे

फिर सारे धागे भी सुलझने लगे,

दिमाग के कार्वे अब पलटने लगे

जगह का ना नाम था न अता,

ना उलेखन था न पता

कौन सी जगह है ये कौन सा देस है,

देस है अपना या परदेस है

नजर आया कोई तो पूछा साहब ये कौन सी जगह है
कौन सा मंदिर है

जवाब सुन हैरानी हुई

ये अंदर चमक रहा चंदिर है,

ये मन मंदिर है।

-कौन सा स्थान है

BAGUIO

50

कुछ शकले जो आईने मे रूबरू हो न सकी,
वो दूसरी शक्लों के भी आईने मैले करती रही|

-आँखों मे धुंद है या चश्मा मैला है

51

अगर निकले है एक घर से तो वापिस उसी घर
जाना क्यू है,

जाना है अगर उसी घर तो निकले ही क्यू थे,

निकले है अगर तो राह मे बाते घर की ही क्यू,

यादे फ़रियादे लालसा घर की ही क्यू

उसी घर के सारे काम,

उसी घर जाने के इंतेज़ाम क्यू

अगर मंजिल वही है तो रास्ता भी वही क्यू,

सुकून तो खैर समझता हू,

ग़म खुशी का वास्ता भी वही क्यू

क्यू नदी ने रास्ता बनाया अगर बहना ही न था यहा,

ये घर मकान क्यू बने अगर रहना ही न था यहा

ये राज़ है रहस्य है, ये शस्त्र है सहस्त्र है

ये राज़ खुलना है या हुमसे छुपना है,

और अगर छुपना ही है तो हमारी सोच वहा तक जा
ही क्यू पाई,

अब चली गई है तो याद रखना है या भूल जाना है
ये पर्दा क्या ढक रहा है,
क्या दिखा रहा है और क्या छुपा रहा है|

-रूह का घर, रूहानी सफर

52

ये लौ जल भी गई अगर,

तो तात पर बैठी सारी हवाएँ है

ओर मर्ज़ हो दिमाग मे अगर,

तो ला इलाजी सारी दवाएँ है|

-ये लौ जल भी गई अगर

53

कल जिनके साथ जोड़े इतने अरमान थे,

आज वो दिल के मेहमान बन गए है,

रखा हो कोने मे कही वो सामान बन गए है,

खड़ी होने से पहले ही टूट गई दिवारे जिसकी वो
आशियाँ बन गए है

एक रोज़ जो गुजारी थी वो राते वो दिन वो कही खो
से गए है,

अब रात बस अंधेरा, दिन एक उजाला,

और लम्हे कुछ चंद घंटे हो से गए है

जब वो मुलाक़ात आखरी हो रही थी कौन कह सकता था,

कौन बता सकता था की वो आखरी है

कही इसी आसमान के नीचे हम भी सांसें ले रहे है, जी
रहे है वो भी

तो फिर क्यू ये फासला दो जहानों का लगता है

बंद हो गया है शायद उन तक पहुचने का हर रास्ता

सूरज उस शाम से ढले ना ढल रहा है,

मेरा बस कही चले ना चल रहा है

सब कुछ पूरा है

सब कुछ पूरा है,

फिर भी कुछ तो अधूरा है

ऐसा लगता है की आखरी बार घर छोड़ आया,

और अब घर के सारे रास्ते भूल चला हू

फिर मिल भी गया अगर तो क्या वही मंज़र होगा,

होंगे वही रंग बिरंगे गुल या बेरंग बागान बंजर होगा

कल ही बीता जैसे मुद्दते पहले का लगता है,

और मुद्दते पहले बीता जो जैसे कल ही की बात हो

खत्म हो गया मुझमे जिसका कोई वजूद ना था,

आरोप भी मुझ पर वो लगे जिसका कोई सबूत ना था

मेरे दिल का शहर अंजान वीरान अजनबी सा होगा,

और उनके दिल मे भी मेरी यादों के जंग लगे बक्से होंगे,

दिशाए दिखाते है दूसरी सी ही वो नक्शे होंगे

और ये बात दोष और आरोपों की तो है ही नहीं,

ना सवाल है ना गुफ्तगू है,

ना तलाश है ना जुस्तजू है

ना शिकवे है ना गीले है,

खुले है होंठ ना ही सिले है

बस बात इतनी है की,
कल मुसाफ़िर थे आज भी मुसाफ़िर है,
बस रहगुज़र वो नहीं,
हमसफर वो नहीं।

-वो कहा है क्या खबर, हम यही है

54

पिघलने का अरमान क्षमा का है,
फिर मसले परवानों से क्यू
बेच दिया करते है लोग अस्तित्व अपना,
फिर नफ़रते शरीर बेचने वालों से क्यू|

-क्यू

55

ये ग़म के है या बदलो के साये है,

अंधेरी गलियों ने क्या राज़ छुपाये है

ये मकान है या है गुनाहों के घर,

गवाह यहा कौन है,

या इस रात ने ही रहस्यों पे परदे सजाए है

देखे है इन अंधेरी गलियों ने तमाशे बहुत,

किसिने ईमान किसिने पहचान किसिने विवेक बेचे है

बेचने वालों ने भी क्या कमाल किया,

बेचकर फिर की है तलाशे बहुत।

-अँधेरों पे कैसे परदे

56

वीरान पड़ा है आँगन इसका ठेकेदार कौन है,

मैं तो बेचने को तैयार हू,

ए ज़मीर तेरा खरीदार कौन है|

-खरीदार कौन है

57

ये कौन से तराजू होंगे जो इंसान का मोल दिखाते होंगे,

किसी व्यक्ति किसी मनुष्य का क्या मोल हो सकता है

कौन सी सड़कों पे कौन से बाजारों मे तोल भाव हो रहा है

और अगर मोल है तो है सुंदर काया का,

या ऊंची इमारते महेंगे वस्त्र या उंगलियों मे दबी माया का

इज्जत मे किसको तोला जा रहा है,

व्यक्ति को या व्यक्ति की मुट्ठी मे बंधी शक्ति को

छिन जाए जो अगर वो शक्ति तो मोल वही रहेगा या
बदल जाएगा,

व्यक्ति गिरेगा आसमान की ऊंचाइयों से या ज़मीन पे
ही फिसल जाएगा

अगर सलाम करतूतों कर्मों को ठोका जा रहा है,

तो अच्छे कर्म करने वाले के सिर्फ कर्म अच्छे और बुरा
करने वाला पूरा का पूरा बुरा क्यू

कौन से तराजू पे मोल किया जाए खुद का, सारे अलग
अलग दिखाते है

निष्कर्ष पे कैसे आया जाए कौन सा गलत कौन सा
असल है

सोने मे मोल के तोल ते है इंसानों को,

तो मोल किसका ऊंचा सोने का या व्यक्ति का

विमान मे उड़े तो निचले नज़ारे देखता है,

नज़ारों मे हो तो आकाशी बाहारे देखता है

ये चलना चाहता कौन सी ओर है,

इसे खींच रही कौन सी डोर है

डोर होगी ये उसी तराजू की,

जहा इसे तोला होगा,

पलड़ा इसका हल्का हुआ,

कौन जाने कौन सी भौतिकवादी वस्तुओ से मोला होगा|

-मोल किसका

58

एक कतरे की है ज़ात मेरी,

चश्मों चिरागों का मोहताज नहीं हू

हाथ मे कफ़न है, उंगलियों मे विनाश की दरारे,

सिरों का सरताज नहीं हू|

-ज़र्रा

59

महताब की रोशनी घट जाए,

आँखों मे फिर भी उसकी अक्स ए क़मर रहेगा

रहू मैं चाहे ना रहू,

वो मेरी शायरी मे अमर रहेगा|

-वो रह जाएगा

60

मेरी हंसी से वाकिफ़ कितने,
मेरे ग़म से अंजान सभी है
मेरे आँसू अकेले ही सुख गए,
मेरी खुशी मे मेहमान सभी है|

-सभी है

61

दिलों की बाज़ी टूटी तो,
कुछ आज़ादी कुछ दगा हो गई
ये सागर वही, ये बूँदे वही,
कुछ बूँदे नशा तो कुछ खुदा हो गई|

-एक से फिर क्यू अलग

62

बाज़ार मे एक रोज़ यू चलते चलते महबूब एक फूल
किसी की याद मे खरीदते है,

बस एक फूल था अब तक,

अब सारे इश्क रंग चड़कर गुलाब बन गया है

अब जैसे सारे काटों ने भी खुद को कोमल कर दिया हो
प्रेयसी के खातिर,

दर्द मे देख प्रेयसी को प्रेमी भी तो आहें भरेगा ही

आने वाले इखतता मे हफ्ते का इंतज़ार तो खुद पूरा
हफ़्ता भी करता रहा

जैसे शब और सुबह मिलने को बेताब हो,

एक होना ही दूजे का ख्वाब हो

उस गुलाब मे एक जज़्बात था एहसास था,

अब वक़्त आ रहा काफ़ी पास था

प्रेयसी के हाथों मे आकर गुलाब भी जैसे और
गुलाबी हो गया,

लाली जैसे गहरी होती गई शर्म से पानी पानी हो गया

हल्का था या था गुलाब भारी, इसमे एहसास जो भरे थे

गुलोशियों के खुशबूयों के साज़ जो जड़े थे

उस गुलाब मे जैसे खुदका कुछ रहा ही ना हो

फूल न रहकर अब जैसे हवा बन गया था,

चाँदनी और तारों की झिलमिलाहट भरी निशा बन गया था

सवारने संभालने यू दबाया गुल किताब मे तो कुछ
अजब हुआ,

किताब मे सिमट गया, किताब का ही होने लगा ये क्या
गजब हुआ

अपना रहे थे दोनों जैसे एक दूसरे को,

भर रहे थे अपने भीतरी कुए गहरे को

किताब मे गुलाब है या गुलाब की किताब है,
ये क्या हुआ?

सोच मे थी व्यस्त थी,

याद मे जो प्रेमी की खोली किताब तो देखा गुल कहा है,

जज़्बातों से भरा वो फूल कहा है

ये वो नहीं जो सौंपा था किताब को

अब गुल जैसे किताब का हो सा गया है,

उसी के मखमली पन्नों मे जैसे खो स गया है

लिखावट की सारी छापे लेली अपने ऊपर,

किताब के पन्नों ने भी जैसे खुदको चीर काटों को जगह
दे दी हो

अब गुल जैसे किताब का ही होकर रहेगा,

हर पंखुड़ी पे जैसे एक शब्द इका है

किताब भी है जैसे गूल की ही,

गुल को अपना कर काटों की भी जगह बनाई है|

-छाप

63

मैं निकल गया सफर पे,

वापिस आकर देखा तू नहीं था

तूने क्यू सोचा की मैं मंजिल की तलाश मे निकला हू,

मैं तो मंजिल ही घर छोड़ गया था|

-मैं घर से क्यू निकला

64

ये बगावत करने वाले ये कौन है,

ये सिर चढ़ाकर सवाल करने वाले कौन है

ये चल रहा था जो चल रहा था,

हुक्म के हिसाब से रुक गए थे सब,

ये चाल चलने वाले कौन है|

-कौन है

65

जीत की कितनी परिभाषाएँ है,

किसीके मन लालसा तो किसीकी ढेरों आशाएँ है

बहुत सुना ये ढोंग बराबरी का,

तू चलना चाहे चाँद तक,

तो किसी की अनदेखी अनछुई ही मर जाने की
अभिलाषा है

रातों के अँधेरों मे निकले जब कोई लालच की रोशनी की
तलाश मे,

हर जहां मे दिखने को,

रोशनी छुप रही की पड़ ना जाए उस पर कही
रोशनी कोई,

वरना कैसे मुंह दिखाएगी ज़माने की हयात मे

एक कतरा साया भी अब अचंभित करने लगा है,

"कोई पीछे आ रहा है",

अचंम्भ ऐसा की अब अपने ही साये से भी डर
लगने लगा है

रास्ते बदलू या बदलू करवटे,

पार करू कौन सी, कौन सी न लाँगू चौखटे

ये कैसा भरम ये कैसा आलम है,

समाजी तौर पर हार चुके है हम,

शर्म, लज्जा, हया न जाने इतने और कैसे शब्दों की
रेखाए पार कर चुके है हम

मेरी कलम मे और ताकत बची ही नहीं की इसके आगे
लिख सकु,

मेरी हार ही तेरी जीत,

ना जाने,

जीत की कितनी परिभाषाएँ है,

किसीके मन लालसा तो किसीकी ढेरों आशाएँ है|

-जीत की परिभाषाएँ

66

इतने करीब खड़ा है वो मेरे,

फिर भी क्यू मिलों की दूरी है

घर कर गया है मुझमे कही वो,

अब अल्फ़ाज़ों मे बात हो न हो,

कागजी बात जरूरी है|

-अलगाव

67

मैं क्यू खुद से लड़ने लगता हू,
लोगों की कमी है क्या
क्यू मैं लोगों मे प्यार ढूंढता हू,
मुझमे कोई कमी है क्या|

-कमी है क्या?

68

तिजरती हवाएँ ये क्या व्यापार लेकर निकली है,
ये सारे जहाज़ी पार लगने को तैयार बैठे है
तात पर बैठी है हवाएँ भी,
ये रुख बदलने को तैयार बैठी है|

-सारे जहाज़ी बड़े खुश नज़र आ रहे है